LES HOMMAGES

ET

LES VŒUX

DE LA NATION

FRANÇOISE.

LES HOMMAGES

ET

LES VŒUX

DE LA NATION

FRANÇOISE.

ODE

A LOUIS XVI.

GRAND ROI! recevez les hommages,
Que nos Cœurs osent vous offrir!...
De la bonté vivante image,
Sous vos loix nul ne peut souffrir!...

A iij

Vos faveurs en nous font éclore
Le germe heureux du vrai bonheur!
Vous êtes l'éclatante Aurore,
Qui diffipe tous nos malheurs!

VIVEZ, vivez, LOUIS-AUGUSTE!
Vivez toujours pour le bonheur!
Vous êtes bienfaifant, & jufte,
Et vous regnez dans tous les Cœurs!...
Ah!...c'eft un Dieu, qui vous infpire!...
Que notre fort eft raviffant!...
Des Vertus l'ineffable empire
Signale en vous le Tout-Puiffant!

VIVEZ auffi, REINE ADORABLE!
Vivez pour faire des heureux!...
Du meilleur ROI Compagne aimable!
Vous allez combler tous nos vœux!...
La fageffe devançant l'âge,
Brille en VOUS d'un éclat divin :
Vous attirez tous les hommages
Des Immortels, & des humains!

O Dieu! du haut de votre Trône,
Béniffez le Sang des BOURBONS!...

Multipliez-leur les Couronnes,
Que méritent leurs Actions!...
Et que l'heureuse jouissance
De gloire & d'immortalité,
Soit, pour notre reconnoissance,
Leur premiere félicité!...

CouronnÉs de saintes Victoires,
Qu'ils regnent à jamais, en Dieu!
Sur Nous, de leur Trône de gloire,
Qu'ils veillent du plus haut des Cieux!...
Mais! ...que dans une paix profonde,
Long-temps puissans, & glorieux,
Mille Postérités fécondes
Les rendent, avec Nous, Heureux!

NOTES.

LES cinq Strophes de cette Ode présentée au ROI, étoient renfermées au milieu d'un deſſin d'Eſtampe nouvelle, qui ſera gravée & rendue publique. Ce deſſin, ou ornement, eſt compoſé d'une eſpece de Cartouche agréablement incliné & décoré de branches d'olivier, de palmier & de laurier, &c. Au comble, ou ſommet du Cartouche, eſt une Gloire majeſtueuſement étendue de toutes parts, qui diſſipe des nuages claires, & qui ſe perdent juſques hors du cadre en deſſin. Au milieu de cette Gloire on voit une Couronne Impériale de France, derriere laquelle ſont paſſés en ſautoir un Sceptre Royal, & une Main de Juſtice, marques diſtinctives du nouveau Regne, ce qui fait un coup d'œil magnifique. Le Cartel eſt ſoutenu par deux Anges, dont l'un repréſente l'Ange Tutélaire de la France, qui étant aſſis dans une attitude actionnée, ſur des nuées brillantes, tient d'une main le grand Étendard ſoit Drapeau, ou Oriflamme de la France, ſemé de fleurs de lis, & panché ſur une épaule ; & de l'autre main il tient à ſa bouche une trompette, comme celle de la Renommée, étendue au dehors, qui ſemble annoncer à l'Univers la gloire du SOUVERAIN, ſon joyeux Avénement à la Couronne, ainſi que les Hommages & les Vœux de la Nation dont cet Ange eſt le Protecteur.

A l'autre côté, l'Ange qui ſert de ſupport repréſente l'amour de la Nation Françoiſe envers ſes AUGUSTES MAISTRES, avec des attributs ſacrés. Il a une main appuyée ſur le côté ſupérieur du Cartel, tenant une poignée de branches de palmier & d'olivier, &c. de l'autre main il montre au

bas de l'Écuſſon des trophées compoſés des attributs ou marques diſtinctives de toutes les Vertus.

Pour inſcription, dans la partie ſupérieure, & au milieu du
Cartel, eſt écrit à Louis XVI. Cette inſcription, ou dé-
dicace, eſt entourée de laurier, d'olivier, & de guirlandes de
fleurs entrelacées. Au bas du Cadre deſſiné on voit les Armes
accolées du Roi & de la Reine, avec la Couronne de
France pour cimier commun, les Écuſſons décorés des orne-
mens ordinaires, & des différens Colliers d'Ordres, le tout
accompagné de trophées d'armes. Dans le haut du Cadre & au
milieu de la partie ſupérieure ſont deux Cœurs enflammés &
accollés, ayant pour trophée le flambeau de l'Amour Con-
jugal, un carquois, des fleches & un arc : ces Cœurs ſont en-
loppés dans une Couronne de myrte & de fleurs ; ce qui ſert
comme de couronnement à tout l'ouvrage.

Ce Deſſin a été préſenté ſous une glace avec un cadre doré.

Mais dans la Gravure, que l'on ſe propoſe de rendre publique, on ſuivra toute l'étendue des premieres idées de l'Au-
teur & ſon intention, qui n'ont pu être exécutées à cauſe de la
brieveté du temps, qui reſtoit au Deſſinateur, qui ne fut pas
averti aſſez tôt. Cette intention étoit d'ajouter au deſſus de la
Gloire, en bas relief, la Salle du Trône Royal ſur lequel
feront le Roi & la Reine, repréſentés aſſis ſur chacun
leur ſiege, accompagnés des Princes & Princeſſes formant
leur Cour. La France paroîtra ſous la figure d'une Dame
couronnée, & ſe préſentant majeſtueuſement, avec un reſpect
mêlé d'amour, au pied du Trône, vêtue d'une robe ſemée de
fleurs de lis, & tenant d'une main un Rouleau développé, qui
ſemble contenir ſes Hommages & ſes Vœux ; & de l'autre
main elle préſente un Cœur enflammé. Dans les côtés, & au

fond de la Salle, paroîtra un Peuple innombrable repréſentant le Corps de la Nation, dont les principales figures ſembleront être comme ravies en extaſe & tranſportées hors d'elles-mêmes par l'amour & le vénération. Plus haut, au deſſus de la Salle, on verra un Ciel ouvert, où paroîtront les Saints Tutélaires de la France, dont au premier rang ſera la SAINTE VIERGE, ſous la protection de laquelle Louis XIII. a mis le Royaume par un Vœu, qui s'exécute annuellement à perpétuité : d'un côté Saint Louis IX. Roi de France, & de l'autre Saint Charlemagne auſſi Roi de France & Empereur. Dans une Gloire plus élévée en forme de triangle, paroîtra la TRINITÉ, dont la premiere Perſonne bénira l'AUGUSTE MAISON DE BOURBON ; la Seconde répendra des Couronnes avec profuſion ; & la Troiſieme fera deſcendre ſes Dons en forme de langues de feu, dans un rayon de gloire, qui parviendra juſques ſur le Trône, où feront aſſis le ROI & la REINE. Plus haut paroîtra l'Inſcription ſuivante, ſoutenue par deux Anges, dont l'un ſera Saint Michel tenant d'une main une épée flamboyante, comme Prince de la Milice Céleſte, & l'autre ſera Saint Gabriel tenant une tige de fleurs de lis, comme Miniſtre de la Réconciliation & de la Paix ; l'un repréſentera la Juſtice, & l'autre la Miſéricorde & la Bienfaiſance. L'Inſcription ſera ainſi : *REX REGUM DOMINUS DOMINANTIUM.* Le tout ſera décoré ſomptueuſement, & gravé avec délicateſſe.

DISCOURS
AU ROI,
A LA REINE,
ET
A L'AUGUSTE FAMILLE
ROYALE,
LE JOUR DE SAINT LOUIS.

Ego dixi : Dii eſtis : & Filii excelſi omnes.
Joan. 10. v. XXXIV. Pſ. 81 , 6.

SIRE,

UNE modeſtie profonde , & la plus exemplaire , ſur un Trône pompeux , l'un des plus élevés dans l'univers ; des ames vraiment grandes , & dignes de regner ; mais ſur-tout les éclatantes impreſſions de cette ſageſſe éternelle qui ſiege ſur le

Trône de Dieu même, & sous l'empire de laquelle toutes les Puissances de la Terre doivent agir, gouverner, & former des Loix selon l'équité & la justice; telles sont les merveilles, SIRE, qui paroissent en foule & de concert à nos yeux enchantés, qui les éblouissent, & ravissent nos Cœurs; & ce sont autant de prodiges qui caracté-risent VOS AUGUSTES MAJESTÉS, comme ils signalerent autrefois la personne sacrée du jeune Roi Salomon !

PARDONNEZ donc, SIRE, les trans-ports de ces Cœurs véritablement fran-çois !…. Il faut qu'ils s'expliquent ! Il faut qu'ils se répandent au dehors ! Leur joie est trop vive, trop légitime : leur bonheur présent & à venir est trop sensible, pour qu'ils puissent être renfermés dans le silence.

VOS Peuples éclairés d'ailleurs, & sages, si distingués, & si affectueux, sçavent con-noître, aimer, & chérir leurs SOUVERAINS : ils sçavent les respecter en même temps, & révérer en leurs Personnes sacrées l'image du Très-Haut! Ils font toujours prêts à se sacrifier pour les intérêts & la gloire de ces AUGUSTES MAISTRES, & à leur en donner des témoignages réels, publics, & infaillibles! Ils se flattent à juste titre, du retour le plus accompli : ils ne peuvent dissimuler : il faut donc qu'ils se manifestent pour l'honneur de l'humanité, pour le triomphe de la Vertu, pour la gloire de la Religion, pour celle de la Monarchie, & pour la Vôtre propre, SIRE! Il faut, dis-je, qu'ils manifestent, qu'ils publient leurs sentimens les plus intimes, les plus sacrés, & les plus inviolables ! Il faut qu'ils VOUS en fassent du fond du cœur, aux yeux de l'Univers, les hommages les plus solemnels, & les plus éclatans !...

CEPENDANT, SIRE, ces éminentes & rares qualités, qui distinguent si glorieusement VOS MAJESTÉS, Vous ont inspiré dès les premiers instans de votre Exaltation, les soins attentifs & discrets, parmi une infinité d'autres, d'écarter avec modération, ou de regarder d'un œil de prudente indifférence, plufieurs des acclamations univerfelles, & des louanges, que l'on ne ceffe de répendre de toutes parts, avec tant de motifs, fur votre joyeux Avénement à la Couronne; & dans ces heureufes difpofitions, empreffés que Vous êtes de mériter des éloges dignes, plutôt que de les entendre, nombre de ces louanges vous ont femblées trop prématurées ou exceffi-ves!... Leur multiplicité & leurs efpeces, peut-être, pourroient par la fuite Vous fatiguer, ou allarmer la délicateffe de vos vertus.

MAIS, SIRE, ce ne font point ici des louanges anticipées fur des fujets imaginaires ou frivoles : ce ne font point des attributions fabuleufes & payennes; ni des hommages fimulés & pleins d'exagérations! En un mot, ce ne font point des vœux déplacés & profanes, que nous ofons Vous adreffer, & vous confacrer en ce jour de pompe & de magnificence divines (a). Non,

____

(a) La Fête de Saint Louis, Roi de France.

ces hommages , & ces vœux ne font point dictés par l'adulation lâche , par l'efprit de menfonge , de baffe flatterie , ou de vils intérêts ! ... Loin de nous des infpirations fi odieufes : des intentions & une témérité fi criminelles & fi déteftables !

Nous préfentons ici très-refpectueufement, Sire, a vos Majestés, au nom de toute la Nation Françoife , les pures expreffions de la fincérité, de la Religion même , & du cœur le plus droit, le plus fenfible, & le plus ingénu, ainfi que le plus reconnoiffant : dont les effufions fimples & naïves peuvent paroître mériter quelque indulgence, vu la réalité de leurs fujets , & l'activité de leurs caufes !

Daignez donc, Sire, nous en fupplions Vos Majestés, abaiffer gracieufement un regard favorable fur ces humbles, mais vives émanations de nos Cœurs touchés & attendris, qui s'efforcent de faire connoître , autant qu'il eft en eux, l'extenfion de leur amour & de leurs refpects, toute leur fenfibilité fur votre glorieufe élévation, & fur le bonheur qu'ils commencent à reffentir, & qu'ils fe promettent de plus en plus de la fageffe de Votre Gouvernement!

DAIGNEZ auffi nous permettre, SIRE, d'obferver de plus, que vous ne pouvez ignorer, nous le favons, que les plus grands éloges, les félicitations, les louanges les plus étudiées parmi certains Peuples, ne font fouvent qu'un encens politique, un avis délicat de devenir tels que l'on nous dépeint avec les couleurs les plus féduifantes! . . Mais puiffent VOS MAJESTÉS nous faire la grace d'être intimement perfuadées que nous ne difons, ni n'exprimons rien ici, ni dans la petite Piece & dans l'Eftampe nouvelle ci-jointes, que notre intelligence ne l'obferve pleinement en vous, & que nos cœurs ne le reffentent le plus efficacement! Mais auffi que ne peuvent-ils de même s'énoncer en ces heureux momens avec l'énergie & la dignité que mérite toute la grandeur du fujet!

EN

EN effet, ce fond inépuisable de piété, de religion & de fidélité qui forment la base de vos caracteres auguftes ; leurs exercices journaliers, édifians & admirables par lefquels vous marchez avec tant de zele, d'ardeur & de fermeté, fur les traces pleines de gloire de vos ancêtres, de nos Rois Très-Chrétiens; les Fils aînés de l'Eglife ; ces intrépides Défenfeurs de la Foi Orthodoxe & de la feule vraie Religion; ces invincibles & féveres Deftructeurs des vices & des abus; ces pacifiques, mais victorieux Reftaurateurs & protecteurs de la vertu & des bonnes mœurs! en un mot, votre infatigable application à fuivre fpécialement les veftiges lumineufes, morales & falutaires de l'un d'entr'eux, ce Héros facré & faint dont on célebre aujourd'hui le triomphe célefte (1)! Ce defir vif, conftant & actif d'exercer continuellement envers nous les tendres fonctions de Pere, en même temps que celles d'un Monarque le plus fage, doué de générofité, de douceur, d'humanité,

____

(a) Louis IX. Saint; Roi de France; duquel defcend en ligne directe l'AUGUSTE MAISON DE BOURBON.

B

de bienfaifance, remplis de juftice envers
Dieu & envers les hommes ; enfin l'emploi
de tous les moyens qui vous paroiffent les
plus convenables pour fignaler, pour mettre
fans ceffe en pratique ces vertus précieufes!
Voilà Sire, ce qui anime Vos Majestés,
& ce qui brille en Elles d'un éclat qui nous
enchante ! .. Voilà ce que vous reconnoif-
fez, que la Providence ineffable a eu dans fa
miféricorde en vue, en vous élevant fur le
trône fublime de l'Empire François! & voilà
les véritables fujets de nos hommages fince-
res, & les motifs réels de nos vœux ardens
qui fe portent invinciblement vers vôtre félicité la plus accomplie & la plus durable! au
même inftant que vers celle de nos glorieux
& très-chers Princes, & de toutes nos auguftes & vertueufes Princesses ; ces Princes, illuftres & dignes appuis du trône ! ...
Ces brillans & fideles imitateurs fur l'exem-
ple de Vos Majestés, & fur celui de Nos
Princesses, de toutes les vertus héroïques
& divines qui dominerent toujours dans les
différens Auteurs de leurs précieux jours &

des·vôtres!.. Auteurs immortels & souve-
rainement vénérables! qui font & furent
tous, par excellence, aux yeux de l'univers
attentif, les vivantes images de la Divinité,
les uns dans leur suprême rang, & les autres
sous le diadême, où sans cesse ils s'immor-
talisent & par leurs œuvres & par leurs poftérités!

ENFIN ils se portent avec conſtance ces
mêmes vœux ardens vers la vraie & plus
parfaite félicité de toute l'étendue de la sou-
veraine & immortelle MAISON DE BOURBON
& de ſes fublimes alliances! Maiſons ſi hau-
tes, ſi puiſſantes & ſi fécondes en Héros!
& dont le Sang auguſte regne ſi glorieuſe-
ment ſur la terre & dans les cieux! Mais!..
quelles prodigieuſes prérogatives!.. SIRE!.
Quelle deſtinée finguliere & merveilleuſe!.
Être né pour la ſuprême domination tem-
porélle, & en même temps pour un éternel Royaume!.. Voir reſpecter, honorer
ſon propre Sang ſur les trônes de l'univerſ
& delà le voir élever, révérer & preſ

adorer ſur nos Autels mêmes !.. Le voir ce
Sang auguſte triompher de la maniere la
plus éclatante juſques dans le ciel vrai &
unique ſéjour de l'immortalité !.. Y voir
jouir ce Sang ſacré dans ſes ancêtres d'un
Empire ſans fin !.. Jouir ſoi-même des droits
les plus certains ſur ce divin Empire ! Droits
qui deſtinent à poſſéder ſucceſſivement ces
ſouverains & incomparables héritages dont
l'un ſert de récompenſe à l'autre ! Pou-
voir enfin adreſſer en toute confiance à ces
Princes de ſon Sang unis à la Divinité (a)
dans leur éternel triomphe, auquel doivent
aboutir toutes nos œuvres & nos victoires,
ces tendres & infiniment conſolantes paro-
les : « O mes Peres ! vous n'êtes point con-
» fondus ! vous n'êtes point anéantis ſous les
» cruelles ombres de la mort ! vous vivez &
» vous regnez dans le ſein de Dieu ! Je ſuis
» ſous vos yeux paternels, & vous veillez

(a) *Ego dixi : Dii eſtis : & Filii excelſi omnes.* Joan. 10.
v. XXXIV. Pſ. 81 , 6.

Rogo… ut omnes… ſicut tu Pater in me , & ego in te,
& ipſi in nobis unum ſint. Joan. 17. v. XXI.

» à mon bonheur ! O immortels Peres!
» O Héros véritables ! mes feuls & dignes
» modeles ! faites que je ne vous perde pas
» de vue, & que je ne ceffe jamais de vous
» imiter !.. Je fuis fait pour regner ici com-
» me vous, & éternellement avec vous dans
» le féjour de la vraie gloire !.. Vous m'invi-
» tez à mériter fur la terre la même couronne
» d'immortalité que vous porterez à jamais
» dans les cieux !.. C'eft à ce prix : c'eft
» fous ces conditions que vous me recon-
» noîtrez pour votre fils ! Ah !.. Je vais
» donc vous fuivre avec courage, & me
» montrer conftamment digne héritier de
» votre trône & de vos vertus !.. »

POURROIT-ON, SIRE, pourroit-on jamais
imaginer quelque chofe de plus grand & de
plus digne de l'émulation d'un Prince, d'un
Monarque Très - Chrétien? Pourroit - on
trouver, feindre ou fuppofer un bonheur
plus étendu, plus complet & plus fignalé ?...

PUISSIEZ-VOUS donc, SIRE, puiffiez-vous,

Reine Très-Augufte, & vous Princes & Princesses, chacun dans vos places éclatantes de gloire en ce monde : puiffiez-vous tous pendant des fiecles innombrables, & par vous-mêmes & par des poftérités fécondes & Royales.... & en vous immortalifant, Sire, pendant le regne le plus heureux & le plus long qui fut jamais, fur le trône temporel de LOUIS IX ; puiffiez-vous, dis-je, tous vous affurer par la perfévérance dans fes vertus, le partage infaillible du trône célefte, fur lequel ce S. Monarque brille à jamais d'une gloire éternelle ! Gloire, félicité, incomparables, univerfelles, infinies, inaltérables ! en un mot, félicité au deffus de toutes expreffions, & qui mettra un jour le comble à la nôtre, ou plutôt qui ne formera plus qu'un feul & même bonheur inexprimable !....

Voila, Sire, le digne couronnement de nos vœux ! Puiffent-ils tous ces vœux à jamais être remplis !.. Puiffent-ils à jamais être célébrés & fur la terre & dans les cieux !.. Quelle douce affluence de pures confola-

tions, & pour un Peuple fidele, & pour
des Souverains parfaits!

Tels font SIRE, les preffentimens
heureux & les defirs paffionnés de l'augufte
Nation fur laquelle Vos Majestés regnent,
& tels font particulierement ceux de celui
qui a le bonheur d'être dans tous les fenti-
mens du plus profond refpect & de toute la
vénération poffible,

SIRE,

De Vos Majestés,

Le plus Humble, le plus Soumis, & l'un
des plus Fideles Sujets,
L'Abbé Jacquemont, du Valdaon,
Prêtre du Diocèfe de Befançon.